SWU-800-020

Das Deutsche Heer des Kaiserreiches zur Jahrhundertwende 1871-1918 band 5

LUCA STEFANO CRISTINI
ILLUSTRATIONEN VON R. KNOTEL

Deutsche & English text

SOLDIERSHOP PUBLISHING

AUTHORS

Richard Knötel (January 12, 1857 – April 26, 1914) was one of the most important German artist and pioneer of the study of military uniform. was born in Glogau in 1857. His father, August Knötel, was an art teacher and gave him lessons in drawing and painting from an early age. In this time, Knötel developed an interest in military fashion and history. By late adolescence, he was already employed as an illustrator for the graphics-based newspaper; Illustrierte Zeitung, as well as for postcards and magazines. In 1880, with an established reputation, Knötel was entered into the Berlin Academy of Fine Arts. After his studies, he began collecting books concerning European military history (it is believed that by his death he owned over 9000 titles), and began work on his most famous piece; Uniformenkunde, a huge collection of plates concerning the armies of Europe from the 17th century to 1914. Uniformenkunde is still perhaps the most widely referenced piece of work the study of military attire of the early modern era, and is still used as a source today. As well as an illustrator, Knötel was a talented painter, who was renowned throughout Germany for his military subjects. He died in Berlin in 1914, and is buried in Saint Matthew's Cemetery in the city.

Luca Stefano Cristini born 21 May 1958 in Bergamo (North Italy) It is the author of several titles in Soldiershop series.

PUBLISHING'S NOTE

None of **unpublished** images or text of our book may be reproduced in any format without the expressed written permission of Soldiershop.com when not indicate as marked with license creative commons 3.0 or 4.0. The publisher remains to disposition of the possible having right for all the doubtful sources images or not identifies. Our trademark: Soldiershop Publishing ©, The names of our series: Soldiers&Weapons, Battlefield, War in colour, PaperSoldiers, Soldiershop e-book etc. are herein © by Soldiershop.com.

NOTE ABOUT BOOK PRINTING BEFORE 1925

This book may contain text or images coming from a reproduction of a book published before 1925 (over seventy years ago). No effort has been made to modernize or standardize the spelling used in the original text, so this book may have occasional imperfections such as missing or blurred pages, poor pictures, errant marks, etc. that were either part of the original artifact, or were introduced by the scanning process. We believe this work is culturally important, and despite the imperfections, have elected to bring it back into print (digital and/or paper) as part of our continuing commitment to the preservation of printed works worldwide. We appreciate your understanding of the imperfections in the preservation process, and hope you enjoy this valuable book. Now this book is purpose re-built and is proof-read and re-type set from the original to provide an outstanding experience of reflowing text, also for an ebook reader. However Soldiershop publishing added, enriched, revised and overhauled the text, images, etc. of the cover and the book. Therefore, the job is now to all intents and purposes a derivative work, and the added, new and original parts of the book are the copyright of Soldiershop. On this second unpublished part of the book none of images or text may be reproduced in any format without the expressed written permission of Soldiershop. Almost many of the images of our books and prints are taken from original first edition prints or books that are no longer in copyright and are therefore public domain. We have been a specialized bookstore for a long time so we (and several friends antiquarian booksellers) have readily available a lot of ancient, historical and illustrated books not in copyright. Each of our prints, art designs or illustrations is either our own creation, or a fully digitally restoration by our computer artists, or non copyrighted images. All of our prints are "tagged" with a registered digital copyright. Soldiershop remains to disposition of the possible having right for all the doubtful sources images or not identifies.

LICENSES COMMONS

This book may utilize material marked with license creative commons 3.0 or 4.0 (CC BY 4.0), (CC BY-ND 4.0), (CC BY-SA 4.0) or (CC0 1.0). We give appropriate attribution credit and indicate if change were made below in the acknowledgements field.

ACKNOWLEDGEMENTS

A Special Thanks to NYPL and other institutions for their kindly permission to use some images of his archives, collections or books used in our book.

Title: **DAS DEUTSCHE HEER DES KAISERREICHES ZUR JAHRHUNDERTWENDE 18171-1918 - BAND 5**
By Luca S. Cristini. Plates by Richard Knötel. First edition by Soldiershop. April 2020
Cover & Art Design: Luca S. Cristini. ISBN code: 978-88-93275729
Published by Luca Cristini Editore, via Orio 35/4- 24050 Zanica (BG) ITALY. www.soldiershop.com

DAS DEUTSCHE HEER DES KAISERREICHES ZUR JAHRHUNDERTWENDE 1871-1918

BAND 5

XIX, XX, XXI UND I, II, III KÖNIGLICH BAYERISCHES ARMEE-KORPS

LUCA STEFANO CRISTINI
ILLUSTRATIONEN VON R. KNÖTEL
*
SWU-800-020

De 20 jarige Ludwig 2 in kroningsmantel door. Gemälde von Ferdinand von Piloty 1865

DEUTSCHES HEER (DEUTSCHES KAISERREICH)

Deutsches Heer war die offizielle Bezeichnung der Landstreitkräfte des Deutschen Kaiserreiches von 1871 bis 1918. Die Verfassung des Deutschen Reiches verwendet daneben noch den Begriff „Reichsheer" in Anlehnung an das Bundesheer des Norddeutschen Bundes.

Oberbefehlshaber des Deutschen Heeres war der Kaiser. Die Truppenkontingente der deutschen Bundesstaaten standen aufgrund von Militärkonventionen unter preußischem Kommando oder waren ins preußische Heer eingegliedert. Ausnahmen waren die Heere der Königreiche Bayern, Sachsen und Württemberg. Diese Staaten hatten sich beim Beitritt zum Norddeutschen Bund sogenannte Reservatrechte ausgehandelt oder entsprechende Regelungen mit Preußen vereinbart. Das bayerische, sächsische und das württembergische Heer stand im Frieden unter dem Befehl seines jeweiligen Landesherren. Ihre Verwaltung unterstand eigenen Kriegsministerien. Das sächsische und das württembergische Heer bildeten jeweils ein in sich geschlossenes Armeekorps innerhalb des deutschen Heeres. Das bayerische Heer stellte drei eigene Armeekorps und stand bei der Nummerierung der Truppenteile außerhalb der Zählung des restlichen Heeres. Die Kontingente der kleineren deutschen Staaten bildeten in der Regel geschlossene Verbände innerhalb des preußischen Heeres. Württemberg stellte zu Ausbildungszwecken Offiziere zum preußischen Heer ab. Lediglich Bayern verfügte neben Preußen über eine eigene Kriegsakademie. Die Trennung nach Herkunftsstaaten wurde unter den Notwendigkeiten des Ersten Weltkrieges zwar gelockert, aber nicht aufgegeben.

Der Kaiser hatte auch im Frieden das Recht, die Präsenzstärke festzulegen, die Garnisonen zu bestimmen, Festungen anzulegen und für einheitliche Organisation und Formation, Bewaffnung und Kommando sowie Ausbildung der Mannschaften und Qualifikation der Offiziere zu sorgen. Das Militärbudget wurde durch die Parlamente der einzelnen Bundesstaaten festgelegt. Als Streitkräfte außerhalb des Heeres standen die Schutztruppen der deutschen Kolonien und Schutzgebiete und die Marine einschließlich ihrer drei Seebataillone unter direktem Oberbefehl des Kaisers und der Verwaltung des Reichs.

The Imperial German Army (German: Deutsches Heer) was the unified ground and air force of the German Empire (excluding the maritime aviation formations of the Imperial German Navy). The term Deutsches Heer is also used for the modern German Army, the land component of the Bundeswehr. The German Army was formed after the unification of Germany under Prussian leadership in 1871 and dissolved in 1919, after the defeat of the German Empire in World War I. The states that made up the German Empire contributed their armies; within the German Confederation, formed after the Napoleonic Wars, each state was responsible for maintaining certain units to be put at the disposal of the Confederation in case of conflict. When operating together, the units were known as the Federal Army (Bundesheer). The Federal Army system functioned during various conflicts of the 19th century, such as the First Schleswig War from 1848–50 but by the time of the Second Schleswig War of 1864, tension had grown between the main powers of the confederation, the Austrian Empire and the Kingdom of Prussia and the German Confederation was dissolved after the Austro-Prussian War of 1866. Prussia formed the North German Confederation and the treaty provided for the maintenance of a Federal Army and a Federal Navy (Bundesmarine or Bundeskriegsmarine). Further laws on military duty also used these terms.[2] Conventions (some later amended) were entered into between the North German Confederation and its member states, subordinating their armies to the Prussian army in time of war, and giving the Prussian Army control over training, doctrine and equipment. Shortly after the outbreak of the Franco-Prussian War in 1870, the North German Confederation also entered into conventions on military matters with states that were not members of the confederation, namely Bavaria, Württemberg, and Baden.[b] Through these conventions and the 1871 Constitution of the German Empire, an Army of the Realm (Reichsheer) was created. The contingents of the Bavarian, Saxon and Württemberg kingdoms remained semi-autonomous, while the Prussian Army assumed almost total control over the armies of the other states of the Empire. The Constitution of the German Empire, dated April 16, 1871, changed references in the North German Constitution from Federal Army to either Army of the Realm (Reichsheer) or German Army (Deutsches Heer).

INHALT

*

Deutsches Heer (Deutsches Kaiserreich) 5

Die bayerische Armee im deutschen Kaiserreich 1871–1918 7

TAFELBAND

XIX Armee-Korps (II. Königlich Sächsisches) 15

XX Armee-Korps (Preussen) 23

XXI Armee-Korps (Preussen) 29

I Armee-Korps (Königlich Bayerisches Armee-Korps) 41

II Armee-Korps (Königlich Bayerisches Armee-Korps) 53

III Armee-Korps (Königlich Bayerisches Armee-Korps) 63

ANHANG ZUM ERSTEN BAND

Jäger Regimenter zu Pferde 71

DIE BAYERISCHE ARMEE IM DEUTSCHEN KAISERREICH 1871–1918

Bayern konnte sich in der Reichsverfassung von 1871 weitestgehende Reservatrechte insbesondere hinsichtlich der Wehrhoheit sichern. Die Armee hatte ähnlich dem Königreich Sachsen oder Württemberg eigenständige Truppen, ein eigenes Kriegsministerium und eine eigene Militärjustiz. Zudem waren ihre Truppenteile von der durchlaufenden Nummerierung des Reichsheeres ausgenommen. Die Armee wurde erst im Kriegsfall auf den Kaiser als Bundesfeldherrn vereidigt. Bayern behielt auch die hellblaue Farbe für die Infanterieuniformen, den Raupenhelm der bis 1886 verwendet wurde, die Chevaulegers und einige andere Eigentümlichkeiten. Dennoch wurden Uniformschnitt, Ausrüstung und Ausbildung dem preußischen Vorbild angeglichen. Mit Einführung der feldgrauen Uniformen wiesen nur mehr die Kokarde und eine weiß-blaue Rautenborte am Kragen auf die bayerische Herkunft hin.

Die bayerische Armee hatte zu Beginn des Ersten Weltkrieges eine Präsenzstärke von 4.089 Offizieren, Ärzten, Veterinären und Beamten, 83.125 Unteroffizieren und Mannschaften sowie 16.918 Pferden. Mit dem Beginn der Mobilmachung am 1. August 1914 ging der Oberbefehl über die mobile Armee, die bis zu diesem Zeitpunkt der IV. Armee-Inspektion unterstellt gewesen war, auf den Deutschen Kaiser über. Die in Bayern verbliebenen Truppenteile standen weiterhin unter dem Befehl des Bayerischen Kriegsministeriums. Die bayerische Armee wurde als 6. Armee mit den drei bayerischen Armeekorps, verstärkt durch das I. Bayerische Reserve-Korps, die Bayerische Kavallerie-Division und weitere Verbände unter dem Oberbefehl von Kronprinz Ruprecht

1895.
Prüfungsschießen im Gelände bei Bamberg.

an die Westfront transportiert. So kämpfte die bayerische Armee bei der Schlacht in Lothringen und in den Vogesen (bis Anfang September 1914) zum letzten Mal in ihrer Geschichte als einheitlicher Truppenverband; die anfangs ausschließliche Unterstellung der bayerischen Truppen unter bayerisches Kommando begann sich infolge Um- und Neuorganisationsmaßnahmen des deutschen Heeres bereits seit dem Herbst 1914 aufzulösen. Im Ersten Weltkrieg kamen etwa 200.000 Angehörige der Bayerischen Armee ums Leben.

Obwohl das Kaiserreich 1918 im Zuge der Novemberrevolution unterging und auch König Ludwig III. vom Eid auf seine Person entband, war damit Bayerns Wehrhoheit noch nicht aufgehoben. Die Wirren um die Niederschlagung der Münchner Räterepublik und ihrer unter Rudolf Egelhofer aufgebauten „Roten Armee" bewogen jedoch die neue Regierung Bayerns dazu, in der Bamberger Verfassung vom 14. August 1919 auf die Wehrhoheit zu verzichten. Die regulären bayerischen Truppen waren nach Kriegsende bereits soweit demobilisiert worden, dass der Kampf gegen die Räterepublik durch nichtbayerische Reichswehrtruppen und Freikorps erfolgte.

TRADITION NACH 1919

Das Wehrgesetz vom 23. März 1921 beendete endgültig die Militärhoheit der Länder, beließ aber Sachsen, Württemberg, Baden und Bayern eine beschränkte Selbstständigkeit. Der Freistaat Bayern stellte insoweit eine Besonderheit dar, dass der Wehrkreis VII das gesamte Landesgebiet umfasste, mit Ausnahme der Pfalz. In der hier stationierten Bayerischen Reichswehr und dem 17. (Bayerischen) Reiter-Regiment dienten nur bayerische Staatsbürger. Das Reichswehr-Gruppenkommando 4 wurde zeitgleich in Wehrkreiskommando VII umbenannt. Es blieb weiterhin dem Reichswehrministerium unmittelbar unterstellt und genoss als „Bayerische Reichswehr" bis 1924 gewisse Autonomierechte gegenüber der Reichsregierung. So wurde ein Landeskommandant in Bayern von der Bayerischen Staatsregierung ernannt. Die besondere Rolle zeigte sich neben der landsmannschaftlichen Zusatzbezeichnung „Bayerisch" und der Rekrutierung auch äußerlich durch Kokarden und Wappenschilde in den Landesfarben an Mütze und Stahlhelm sowie in ebensolchen Wimpeln an den Lanzen des 17. (Bayerisches) Reiter-Regiments. In der Regel hatte jede Kompanie die Tradition eines Regiments der alten Armee, und für den Fall der Überwindung der Rüstungsbeschränkungen des Versailler Vertrages war deren Wiederaufstellung vorgesehen.

Den Münchner Gefallenen des Weltkrieges und allen Kriegstoten der gesamten Bayerischen Armee wurde das 1924 eingeweihte Kriegerdenkmal im Münchner Hofgarten als Hauptehrenmal gewidmet. Den Kern der Anlage bildet die liegende Figur eines toten bayerischen Soldaten mit der Sockelinschrift: „Bayerns Heer / seinen Toten". Diese Darstellung ziert auch die Titelseite des vom Bayerischen Kriegsarchiv 1928 verausgabten Gedenkwerkes Bayerns Goldenes Ehrenbuch, in dem die Träger bzw. die Verleihungssachverhalte der höchsten bayerischen Kriegsauszeichnungen des Ersten Weltkriegs verzeichnet sind.

Beim Aufbau der Wehrmacht passte das Heer als Spiegelbild föderalistischer Vielfalt oder als Träger konkreter Traditionen nicht in die nur diffus historisierende NS-Ideologie vom Aufgehen aller in einer amorphen Volksgemeinschaft: Die letzten landsmannschaftlichen Truppenbezeichnungen wurden daher abgeschafft. Bei der massiven Aufstellung neuer Truppenteile verzichtete man auf die Zuweisung von Traditionen der alten Armee. Aufgrund der Brüche in der deutschen Militärgeschichte wurde durch den Traditionserlass der Bundeswehr die Zuweisung konkreter Verbandstraditionen untersagt.

ORGANISATIONSSTRUKTUR

Bayern stellte in der Armee des deutschen Kaiserreiches zunächst zwei, später drei Armeekorps.

    I. Armeekorps in München
        1. Division in München
        2. Division in Augsburg
    II. Armeekorps in Würzburg

3. Division in Landau
4. Division in Würzburg
III. Armeekorps in Nürnberg
5. Division in Nürnberg
6. Division in Regensburg

Offizierskorps

Das Offizierskorps der Armee wies einen weit geringeren Adelsanteil als das der preußischen auf. 1832 kamen auf einen adeligen Offizier 1,86 bürgerliche Offiziere, 1862 2,34 und 1914 5,66. Eine ausgesprochene Garde war seit Auflösung der Gardeeinheit 1826 nicht mehr vorhanden. Nur in folgenden Regimentern war der Adelsanteil deutlich über dem Durchschnitt:

1. Kürassier-Regiment in München, seit 1878 1. Schweres-Reiter-Regiment
1. Ulanen-Regiment
Infanterie-Leib-Regiment

Etwa 75 Prozent der bayerischen Generäle zwischen 1806 und 1918 gehörten dem Adel an.

Die Dienstgradgruppe der Stabsoffiziere umfasste die Dienstgrade Oberst, Oberstleutnant und Major, die Dienstgradgruppe der Subalternoffiziere umfasste die Dienstgrade Hauptmann (Rittmeister), Oberleutnant und Leutnant.

Im bayerischen Offizierskorps war das Duell zur Wahrung der Standesehre in Ehrenfällen vorgeschrieben, obwohl es die im Land dominierende katholische Kirche verbot. Duelle wurden vom Staat relativ milde mit Festungshaft geahndet. Zur Offiziersausbildung wurde 1805, anstelle der Militärakademie, das Kadettenkorps geschaffen, welches 1920 aufgelöst wurde. Eine Besonderheit der bayerischen Armee war, dass es in ihren Reihen mehr jüdische Reserveoffiziere gab als in den anderen deutschen Streitkräften, wenn auch in Bayern der Anteil jüdischer Reserveoffiziere unter dem der Gesamtbevölkerung lag.

Unteroffizierskorps

Das bayerische Unteroffizierskorps bestand aus Zeit- und Berufssoldaten. Diese wurden in der Regel aus militärdienstleistenden Mannschaften rekrutiert. Zwischen Offiziers- und Unteroffizierskorps gab es eine strenge Laufbahntrennung, was in der Zeit des Ersten Weltkrieges wegen der weit-

Flagge eines Infanterieregiments der Königlich Bayerischen Armee mit dem königlichen Monogramm von König Ludwig

gehenden Abschottung der Offizierslaufbahn gegen den Aufstieg befähigter Unteroffiziere zu erheblichen Sozialproblemen führte.

Rekrutierungsverfahren

Die Rekrutierung der Armee erfolgte seit der Konstitution von 1808 bis 1868 im Rahmen eines Konskriptionssystems, das die Möglichkeit des Loskaufs durch Bezahlung eines längerdienenden Stellvertreters bot. Im Rahmen der Heeresreform von 1868 wurde nach preußischem Vorbild die allgemeine Wehrpflicht mit der Sonderform des „einjährig-freiwilligen Militärdienstes" eingeführt.

Bildungswesen

Die Bildungseinrichtungen der Armee unterstanden der 1866 errichteten Inspektion der Militär-Bildungs-Anstalten. Ihr untergeordnet waren die Kriegsakademie, die Artillerie- und Ingenieur-Schule, die Kriegsschule und das Kadettenkorps. Eine Unteroffiziersschule gab es in der Zeit von 1894 bis 1919 in Fürstenfeldbruck.[8] Ferner existierte noch die Equitations-Anstalt zur Ausbildung im Reiten und im gleichmäßigen Umgang mit Pferden sowie ein dauerhafter Operations-Kurs für Militärärzte.

Landwehr und Landsturm

1809 wurde nach französischem Vorbild die Bürgerwehr in eine Nationalgarde umgewandelt. Diese wurde dann von 1814 bis 1816 in die Landwehr des Königreich Bayerns umgewandelt. Im Rahmen der Heeresreform von 1868 wurde der Name „Landwehr" für ältere Jahrgänge der Reserve verwendet, für die ältesten wehrpflichtigen Jahrgänge wurde der Begriff „Landsturm" verwendet. Im Rahmen der Landwehr sind auch die Krieger- und Veteranenvereine zu betrachten. Diese wurden bis 1918 von den bayerischen Militärbehörden überwacht.

Garnisonswesen

Der größte Teil der bayerischen Armee wurde in den Festungen, säkularisierten Klöstern und ehemaligen Schlössern untergebracht. 1806 erfolgte erstmals der massive Neubau von Kasernenanlagen (Neue Isarkaserne). Nach einer Typhusepidemie 1881 wurden moderne Kasernenneubauten (mit Verheiratetengebäuden) errichtet (z. B. die Prinz-Leopold-Kaserne).

Bayern unterhielt 1838 sieben Festungen:

- Forchheim
- Ingolstadt
- Passau-Oberhaus
- Rosenberg ob Kronach
- Rothenberg bei Schnaittach
- Wülzburg
- Würzburg-Marienberg

Die Festung Germersheim befand sich zu diesem Zeitpunkt noch in Bau.

Ferner unterhielt Bayern in folgenden Bundesfestungen Truppen:

- Landau
- Ulm.

Die Festung Germersheim wurde 1919 nach den Bestimmungen des Versailler Vertrages entfestigt.

Gendarmeriekorps

Teil der Armee war auch das Gendarmeriekorps als Staatspolizei. Allerdings unterstanden die Gendarmen etwa ab der Mitte des 19. Jahrhunderts den unteren Zivilbehörden, wovon jedoch der militärische Charakter des Korps nicht beeinträchtigt wurde. Nach der Novemberrevolution wurde die Gendarmerie dem Innenministerium unterstellt.

BAVARIAN ARMY DURING 1871–1918: THE GERMAN EMPIRE (ENGLISH)

In the Imperial Constitution, Bavaria was able to secure for itself extensive rights, in particular regarding military sovereignty. Not only did the army retain, like the kingdoms of Saxony and Württemberg, its own troops, War Ministry and military justice system, but it was also excluded from the Empire-wide regimental re-numbering of the army regiments and would only come under Imperial control in times of war. Bavaria also kept its light-blue infantry uniforms, the Raupenhelm (until 1886), the Light Cavalry and some other peculiarities. The officers and men of the Bavarian Army continued to swear their oaths to the King of Bavaria and not the German Emperor. Nevertheless, the uniform cut, equipment and training was standardised to the Prussian model. When field-grey uniforms were introduced, only the cockade and a blue-and-white lozenge edging to the collar distinguished Bavarian units.

At the beginning of World War I, the Bavarian Army had an effective strength of 87,214 men including 4,089 officers, physicians, veterinarians and officials; and 83,125 NCOs and other ranks, plus 16,918 horses. With the beginning of mobilisation on 1 August 1914, the supreme command of the Bavarian field army passed from the 4th Army Inspectorate to the German Emperor. Units in Bavaria remained under the command of the Bavarian War Ministry. The Bavarian Army — consisting of the three Bavarian Army Corps, the Bavarian Cavalry Division — was bolstered by the addition of the XXI Corps (of two divisions, recruited largely in the Rhineland and Westphalia), and transported to the Western Front as the German 6th Army under the command of Crown Prince Rupprecht.

The Bavarian army fought at the Battle of the Frontiers, the last time that it fought together as a single unit: the exclusive Bavarian command of Bavarian forces began to be diluted from the German Army reorganisations in Autumn 1914 onwards. Rupprecht held command for the duration of the war and was promoted to Field Marshal in 1916 largely on account of his outstanding ability; however, after Frontiers, the units under his command came largely from outside Bavaria.

Although the German Empire fell in the German Revolution of 1918–19, and King Ludwig III was forced to abdicate, Bavaria retained its military sovereignty. However, the rise of the Bavarian Soviet Republic and the confusion surrounding its overthrow and the defeat of its "Red Army" persuaded the drafters of the Bamberg Constitution of 1919 to relinquish military sovereignty to the Weimar Republic. At any rate, the regular Bavarian troops had been demobilised after the war to the extent that most of the fighting against the Red Army was done by Freikorps units and other German troops from outside Bavaria.

During World War I, around 200,000 members of the Royal Bavarian Army were killed.

STRUCTURE- PRE AND EARLY WAR

Bavaria placed at first two and later three army corps in the army of the German Empire:

    I Army Corps in Munich
        1st Division in Munich
        2nd Division in Augsburg
    II Army Corps in Würzburg
        3rd Division in Landau
        4th Division in Würzburg
    III Army Corps in Nuremberg
        5th Division in Nuremberg
        6th Division in Regensburg

Raised during World War I

Corps

    I Royal Bavarian Reserve Corps
    II Royal Bavarian Reserve Corps
    XV Royal Bavarian Reserve Corps

Divisions

Bavarian cavalry:
   Bavarian Cavalry Division

Bavarian infantry:
   10th Bavarian Infantry Division
   11th Bavarian Infantry Division
   12th Bavarian Infantry Division
   14th Bavarian Infantry Division
   15th Bavarian Infantry Division
   16th Bavarian Infantry Division

Bavarian reserve:
   1st Bavarian Reserve Division
   5th Bavarian Reserve Division
   6th Bavarian Reserve Division
   8th Bavarian Reserve Division
   9th Bavarian Reserve Division
   30th Bavarian Reserve Division
   39th Bavarian Reserve Division

Bavarian Landwehr:
   1st Bavarian Landwehr Division
   2nd Bavarian Landwehr Division
   6th Bavarian Landwehr Division

Bavarian Ersatz:
   Bavarian Ersatz Division

Mountain Troops:
   Alpenkorps

Officer corps

The Bavarian Army had a smaller proportion of aristocratic officers than the Prussian Army: in 1832 there were 1.86 common officers for every one noble; by 1862 it was 2.34 commoners for every noble and by the outbreak of the First World War 5.66. Since the dissolution in 1826 of the Lifeguard unit, there was no specific Guard regiment. Only in the following units was the proportion of aristocratic officers considerably higher than average:

   1st Royal Bavarian Heavy Cavalry Regiment "Prince Karl of Bavaria" (formerly 1st Cuirassiers).
   1st Royal Bavarian Uhlan Regiment "Emperor Wilhelm II, King of Prussia"
   Royal Bavarian Infantry Lifeguards Regiment

NCO corps

The Bavarian NCO Corps consisted of long-serving and career soldiers, usually recruited from those completing military service. There was a strict career separation between officers and NCOs. This led to substantial social problems during World War I, because qualified NCOs were blocked from promotion to officer ranks.

Recruitment

According to the Constitution of 1808, recruitment was according to a system of conscription. The system offered the possibility for men to buy exemption from conscription by means of paying a substitute, called an Einsteher ("Proxy") or Einstandsmann ("Stand-In"), to serve in their place (which had to be for a longer time).

The reforms of 1868 abolished the use of substitutes, introduced compulsory conscription for three years, and instituted the Einjährig-Freiwilliger ("One Year Volunteer") system.

Landwehr

In 1809, after the French model, the territorial forces were converted into a National Guard, which from 1814 to 1868 was known as the Landwehr of the Kingdom of Bavaria. During the 1868 reforms, the older classes of reserves became known as the Landsturm. The Landwehr also took responsibility for supervising the veterans' associations.

Garrisons

The bulk of the Bavarian army was housed in fortresses, secularised monasteries and former castles. The first co-ordinated programme of barracks-building took place in 1806 (such as the New Isar Barracks), and after a typhoid outbreak in 1881, modern buildings with married quarters were built (such as the Prince Leopold Barracks). In 1838, Bavaria maintained seven fortresses, with another under construction:

Forchheim
Ingolstadt
Veste-Oberhaus
Rosenberg ob Kronach
Rothenberg bei Schnaittach
Wülzburg
Fortress Marienburg in Würzburg
Germersheim (under construction)

Bavaria also maintained troops in the German Confederation fortresses of Landau and Ulm. The fortresses of Germersheim, Ingolstadt and Ulm were de-fortified according to the Treaty of Versailles.

1894 Parade des 1. Garde-Regiments zu Fuß im Lustgarten des Stadtschloßes von Potsdam. Urheber: Carl Röchling (1855-1920)

XIX ARMEE-KORPS (II. KÖNIGLICH SÄCHSISCHES)

24. Division (2. Königlich Sächsische)
40. Division (4. Königlich Sächsische)
II. Abteilung/1. Königlich Sächsisches Fußartillerie-Regiment Nr. 12
Flieger-Abteilung Nr. 24
2. Königlich Sächsisches Train-Bataillon Nr. 19
Fernsprech-Abteilung Nr. 19
Scheinwerferzug/2. Königlich Sächsisches Pionier-Bataillon Nr. 22

24 division

47. Infanterie-Brigade (3. Königlich Sächsische) in Döbeln
   11. Königlich Sächsisches Infanterie-Regiment Nr. 139 in Döbeln
   14. Königlich Sächsisches Infanterie-Regiment Nr. 179 in Leisnig, Leipzig und Wurzen
48. Infanterie-Brigade (4. Königlich Sächsische) in Leipzig
   Infanterie-Regiment „König Georg" (7. Königlich Sächsisches) Nr. 106 in Leipzig
   Infanterie-Regiment „Prinz Johann Georg" (8. Königlich Sächsisches) Nr. 107 in Leipzig
24. Kavallerie-Brigade (2. Königlich Sächsische) in Leipzig
   2. Königlich Sächsisches Husaren-Regiment Nr. 19 in Grimma
   2. Königlich Sächsisches Ulanen-Regiment Nr. 18 in Leipzig
24. Feldartilleriebrigade (2. Königlich Sächsische) in Leipzig
   7. Königlich Sächsisches Feldartillerie-Regiment Nr. 77 in Leipzig
   8. Königlich Sächsisches Feldartillerie-Regiment Nr. 78 in Wurzen

40 division

88. Infanterie-Brigade (7. Königlich Sächsische)
   Infanterie-Regiment „Kronprinz" (5. Königlich Sächsisches) Nr. 104
   15. Königlich Sächsisches Infanterie-Regiment Nr. 181
89. Infanterie-Brigade (8. Königlich Sächsische)
   9. Königlich Sächsisches Infanterie-Regiment Nr. 133
   10. Königlich Sächsisches Infanterie-Regiment Nr. 134
2. Königlich Sächsisches Husaren-Regiment Nr. 19
40. Feldartillerie-Brigade (4. Königlich Sächsische)
   3. Königlich Sächsisches Feldartillerie-Regiment Nr. 32
   6. Königlich Sächsisches Feldartillerie-Regiment Nr. 68
2. und 3. Kompanie/Pionier-Bataillon Nr. 22

24. Division 48. Infanterie-Brigade Infanterie-Regiment „König Georg" (7. Königlich Sächsisches) Nr. 106 in Leipzig

24 Division 48 Infanterie-Brigade Infanterie-Regiment „Prinz Johann Georg" (8. Königlich Sächsisches) Nr. 107 in Leipzig

24. Division 3. Königlich Sächsisches Jäger-Bataillon Nr. 15 in Wurzen

40. Division 88. Infanterie-Brigade Infanterie-Regiment „Kronprinz" (5. Königlich Sächsisches) Nr. 104 in Chemnitz

40.Division 89.Infanterie-Brigade Infanterie-Regiment „König Wilhelm II. von Württemberg" (6. Königlich Sächsisches) Nr. 105 in Straßburg

24 Division II. Abteilung/1. Königlich Sächsisches Fußartillerie-Regiment Nr. 12"

40 Division 3. Königlich Sächsisches Feldartillerie-Regiment Nr. 32

XX ARMEE-KORPS (PREUSSEN)

37. Division in Allenstein
41. Division in Deutsch-Eylau
Jäger-Bataillon „Graf Yorck von Wartenburg" (Ostpreußisches) Nr. 1 in Ortelsburg
Festungs-Maschinengewehr-Abteilung Nr. 2 in Lötzen
Kommandeur der Pioniere XX. Armee-Korps in Graudenz
    2. Westpreußisches Pionier-Bataillon Nr. 23 in Graudenz
    Masurisches Pionier-Bataillon Nr. 26 in Graudenz
Masurisches Train-Bataillon Nr. 20 in Hammerstein (vorläufig)

37 division

73. Infanterie-Brigade in Lyck
  2. Masurisches Infanterie-Regiment Nr. 147 in Lyck und Lötzen (III. Bataillon)
  2. Ermländisches Infanterie-Regiment Nr. 151 in Sensburg und Bischofsburg (II. Bataillon)
75. Infanterie-Brigade in Allenstein
  1. Masurisches Infanterie-Regiment Nr. 146 in Allenstein
  1. Ermländisches Infanterie-Regiment Nr. 150 in Allenstein
37. Kavallerie-Brigade in Allenstein
  Dragoner-Regiment „König Albert von Sachsen" (Ostpreußisches) Nr. 10 in Allenstein
  Dragoner-Regiment „von Wedel" (Pommersches) Nr. 11 in Lyck
37. Feldartillerie-Brigade in Allenstein
  1. Masurisches Feldartillerie-Regiment Nr. 73 in Allenstein
  2. Masurisches Feldartillerie-Regiment Nr. 82 in Rastenburg und Arys (I. Abteilung, vorläufig)
Landwehr-Inspektion Allenstein

41 division

72. Infanterie-Brigade in Osterode in Ostpreußen
  Infanterie-Regiment „von Grolmann" (1. Posensches) Nr. 18 in Osterode in Ostpreußen
  Infanterie-Regiment „Hiller von Gärtringen" (4. Posensches) Nr. 59 in Deutsch-Eylau und Soldau (II. Bataillon)
74. Infanterie-Brigade in Marienburg
  5. Westpreußisches Infanterie-Regiment Nr. 148 in Elbing, Bromberg (I. Bataillon, vorläufig) und Braunsberg (III. Bataillon)
  Deutschordens-Infanterie-Regiment Nr. 152 in Marienburg und Stuhm (III. Bataillon)
41. Kavallerie-Brigade in Deutsch-Eylau
  Kürassier-Regiment „Herzog Friedrich Eugen von Württemberg" (Westpreußisches) Nr. 5 in Riesenburg (vorläufig), Rosenberg in Westpreußen (2. Eskadron, vorläufig) und Deutsch-Eylau (3. Eskadron)
  Ulanen-Regiment „von Schmidt" (1. Pommersches) Nr. 4 in Thorn
41. Feldartillerie-Brigade in Deutsch-Eylau
  1. Westpreußisches Feldartillerie-Regiment Nr. 35 in Deutsch-Eylau
  3. Ostpreußisches Feldartillerie-Regiment Nr. 79 in Osterode in Ostpreußen

37. Division 74. Infanterie-Brigade 5. Westpreußisches Infanterie-Regiment Nr. 148 in Elbing, Bromberg (J. Bat.) und Braunsberg

37. Division 74. Infanterie-Brigade Deutschordens-Infanterie-Regiment Nr. 152 in Marienburg und Stuhm (III. Bataillon)

41.Division 41.Kavallerie-Brigade Kürassier-Regiment „Herzog Friedrich Eugen von Württemberg" (Westpreußisches) Nr. 5 in Riesenburg (vorläufig), Rosenberg in Westpreußen

41 Division 41 Kavallerie-Brigade Ulanen-Regiment „von Schmidt" (1. Pommersches) Nr. 4 in Thorn

Jäger-Bataillon „Graf Yorck von Wartenburg" (Ostpreußisches) Nr. 1 in Ortelsburg

XXI ARMEE-KORPS (PREUSSEN)

31. Division in Saarbrücken
42. Division in Saarburg
Maschinengewehr-Abteilung Nr. 3 in Saarburg
2. Rheinisches Pionier-Bataillon Nr. 27 in Straßburg
2. Rheinisches Train-Bataillon Nr. 21 in Forbach

31 division

32. Infanterie-Brigade in Saarbrücken
  8. Rheinisches Infanterie-Regiment Nr. 70 in Saarbrücken
  10. Lothringisches Infanterie-Regiment Nr. 174 in Forbach und Straßburg (3. Bataillon)
62. Infanterie-Brigade in Hagenau
  Infanterie-Regiment „Markgraf Karl" (7. Brandenburgisches) Nr. 60 in Weißenburg
  2. Unter-Elsässisches Infanterie-Regiment Nr. 137 in Hagenau
  Infanterie-Regiment „Hessen-Homburg" Nr. 166 in Bitsch
31. Kavallerie-Brigade in Saarbrücken
  Westfälisches Dragoner-Regiment Nr. 7 in Saarbrücken
  Ulanen-Regiment „Großherzog Friedrich von Baden" (Rheinisches) Nr. 7 in Saarbrücken-St. Johann
31. Feldartillerie-Brigade in Hagenau
  1. Unter-Elsässisches Feldartillerie-Regiment Nr. 31 in Hagenau
  2. Unter-Elsässisches Feldartillerie-Regiment Nr. 67 in Hagenau und Bischweiler (2. Abteilung)
Landwehr-Inspektion Saarbrücken

42 division

59. Infanterie-Brigade in Saarburg
  1. Oberrheinisches Infanterie-Regiment Nr. 97 in Saarburg
  3. Unter-Elsässisches Infanterie-Regiment Nr. 138 in Dieuze
65. Infanterie-Brigade in Mörchingen
  Infanterie-Regiment „Graf Barfuß" (4. Westfälisches) Nr. 17 in Mörchingen
  2. Lothringisches Infanterie-Regiment Nr. 131 in Mörchingen
42. Kavallerie-Brigade in Saarburg
  Ulanen-Regiment „Graf Haeseler" (2. Brandenburgisches) Nr. 11 in Saarburg
  Schleswig-Holsteinisches Ulanen-Regiment Nr. 15 in Saarburg
42. Feldartillerie-Brigade in Saarbrücken
  Feldartillerie-Regiment „von Holtzendorff" (1. Rheinisches) Nr. 8 in Saarlouis und Saarbrücken (Reit. Abteilung)
  1. Ober-Elsässisches Feldartillerie-Regiment Nr. 15 in Saarburg (auch Reit. Abteilung) und Mörchingen (I. Abteilung)

31. Division 32. Infanterie-Brigade 8. Rheinisches Infanterie-Regiment Nr. 70 in Saarbrücken

31. Division 32. Infanterie-Brigade 10. Lothringisches Infanterie-Regiment Nr. 174 in Forbach und Straßburg (3. Bataillon)

31 Division 62 Infanterie-Brigade Infanterie-Regiment „Markgraf Karl" (7. Brandenburgisches) Nr. 60 in Weißenburg

31. Division 62. Infanterie-Brigade 2. Unter-Elsässisches Infanterie-Regiment Nr. 137 in Hagenau

31. Division 62. Infanterie-Brigade Infanterie-Regiment „Hessen-Homburg" Nr. 166 in Bitsch

31. Division 31. Kavallerie-Brigade Westfälisches Dragoner-Regiment Nr. 7 in Saarbrücken

31. Division 31. Kavallerie-Brigade Ulanen-Regiment „Großherzog Friedrich von Baden" (Rheinisches) Nr. 7 in Saarbrücken-St. Johann

42. Division 65. Infanterie-Brigade Infanterie-Regiment „Graf Barfuß" (4. Westfälisches) Nr. 17 in Mörchingen

42 Division 42 Kavallerie-Brigade Schleswig-Holsteinisches Ulanen-Regiment Nr. 15 in Saarburg

Feldartillerie-Regiment „von Holtzendorff" (1. Rheinisches) Nr. 8 in Saarlouis und Saarbrücken (Reit. Abteilung)

Rheinisches Train-Bataillon Nr. 21 in Forbach

I. KÖNIGLICH BAYERISCHES ARMEE-KORPS

1. Division in München
2. Division in Augsburg
1. Train-Abteilung München
Landwehr-Inspektion München
Stadtkommandantur München

1. Königlich Bayerische Division

1. Infanterie-Brigade
Infanterie-Leib-Regiment
1. Infanterie-Regiment „König"
2. Infanterie-Brigade
2. Infanterie Regiment „Kronprinz"
16. Infanterie-Regiment „Großherzog Ferdinand von Toskana"
1. Jägerbataillon „König"
8. Chevaulegers-Regiment
1. Feldartillerie-Brigade
1. Feldartillerie-Regiment „Prinzregent Luitpold"
7. Feldartillerie-Regiment „Prinzregent Luitpold"
1. und 3. Kompanie/1. Pionierbataillon

2. Königlich Bayerische Division

3. Infanterie-Brigade
3. Infanterie-Regiment „Prinz Karl von Bayern"
20. Infanterie-Regiment „Prinz Franz"
4. Infanterie-Brigade
12. Infanterie-Regiment „Prinz Arnulf"
15. Infanterie-Regiment „König Friedrich August von Sachsen"
4. Chevaulegers-Regiment „König"
2. Feldartillerie-Brigade
4. Feldartillerie-Regiment „König"
9. Feldartillerie-Regiment
2. Kompanie/1. Pionierbataillon

1 Division 1 Infanterie-Brigade Infanterie-Leib-Regiment

1 Division 1 Infanterie-Brigade 1. Infanterie-Regiment „König"

1. Division 2. Infanterie-Brigade 2. Infanterie Regiment „Kronprinz"

1 Division 12.Infanterie-Brigade1.Jägerbataillon „König"

1. Division 1. Kavallerie-Brigade 1. Schwere-Reiter-Regiment „Prinz Karl von Bayern" in München

1.Division 1.Kavallerie-Brigade 2. Schwere-Reiter-Regiment „Erzherzog Franz Ferdinand von Österreich-Este" in Landshut

2. Division 3. Infanterie-Brigade 20. Infanterie-Regiment „Prinz Franz"

2. Division 4. Infanterie-Brigade 12. Infanterie-Regiment „Prinz Arnulf"

2.Division 2.Kavallerie-Brigade 4. Chevaulegers-Regiment „König" in Augsburg

2.Division 2. Kompanie/1. Pionierbataillon

1. Train-Abteilung München

II. KÖNIGLICH BAYERISCHES ARMEE-KORPS

3. Division in Landau
4. Division in Würzburg
2. Fußartillerie-Regiment in Metz
2. Train-Abteilung
Landwehr-Inspektion Landau

3. Königlich Bayerische Division

- **5. Infanterie-Brigade**
  - 22. Infanterie-Regiment „Fürst Wilhelm von Hohenzollern"
  - 23. Infanterie-Regiment „König Ferdinand der Bulgaren"
- **6. Infanterie-Brigade**
  - 17. Infanterie-Regiment „Orff"
  - 18. Infanterie-Regiment „Prinz Ludwig Ferdinand"
- **3. Chevaulegers-Regiment „Herzog Karl Theodor"**
- **3. Feldartillerie-Brigade**
  - 5. Feldartillerie-Regiment „König Alfons XIII. von Spanien"
  - 12. Feldartillerie-Regiment
- **1. und 3. Kompanie/2. Pionierbataillon**

4. Königlich Bayerische Division

- **7. Infanterie-Brigade**
  - 5. Infanterie-Regiment „Großherzog Ernst Ludwig von Hessen"
  - 9. Infanterie-Regiment „Wrede"
  - 2. Jägerbataillon
- **5. Reserve-Infanterie-Brigade**
  - Reserve-Infanterie-Regiment 5
  - Reserve-Infanterie-Regiment 8
- **5. Chevaulegers-Regiment „Erzherzog Friedrich von Österreich"**
- **4. Feldartillerie-Brigade**
  - 2. Feldartillerie-Regiment „Horn"
  - 11. Feldartillerie-Regiment
- **2. Kompanie/2. Pionierbataillon**

3. Division 5. Infanterie-Brigade 23. Infanterie-Regiment „König Ferdinand der Bulgaren"

2. Fußartillerie-Regiment in Metz

3. Division 3. Kavallerie-Brigade 3. Chevaulegers-Regiment „Herzog Karl Theodor" in Dieuze

3.Division 3.Kavallerie-Brigade 5. Chevaulegers-Regiment „Erzherzog Friedrich von Österreich" in Saargemünd

4. Division 7. Infanterie-Brigade 9. Infanterie-Regiment „Wrede"

4 Division 2.Jägerbataillon in Aschaffenburg

4. Division 4. Kavallerie-Brigade 1. Ulanen-Regiment „Kaiser Wilhelm II., König von Preußen" in Bamberg

4. Division 4. Kavallerie-Brigade 2. Ulanen-Regiment „König" in Ansbach

2. Train-Abteilung

III. KÖNIGLICH BAYERISCHES ARMEE-KORPS

5. Division in Nürnberg
6. Division in Regensburg
3. Fußartillerie-Regiment in Ingolstadt
3. Train-Abteilung
Landwehr-Inspektion Nürnberg

5. Königlich Bayerische Division

9. Infanterie-Brigade
14. Infanterie-Regiment „Hartmann"
21. Infanterie-Regiment „Großherzog Friedrich Franz IV. von Mecklenburg-Schwerin"
Reserve-Jägerbataillon 2
10. Infanterie-Brigade
7. Infanterie-Regiment „Prinz Leopold"
19. Infanterie-Regiment „König Viktor Emanuel III. von Italien"
7. Chevaulegers-Regiment „Prinz Alfons"
5. Feldartillerie-Brigade
6. Feldartillerie-Regiment „Prinz Ferdinand von Bourbon, Herzog von Calabrien"
10. Feldartillerie-Regiment
1. und 3. Kompanie/3. Pionierbataillon

6. Königlich Bayerische Division

11. Infanterie-Brigade
10. Infanterie-Regiment „König Ludwig"
13. Infanterie-Regiment „Franz Joseph I., Kaiser von Österreich und Apostolischer König von Ungarn"
12. Infanterie-Brigade
6. Infanterie-Regiment „Kaiser Wilhelm, König von Preußen"
11. Infanterie-Regiment „von der Tann"
2. Chevaulegers-Regiment „Taxis"
6. Feldartillerie-Brigade
3. Feldartillerie-Regiment „Prinz Leopold"
8. Feldartillerie-Regiment „Prinz Heinrich von Preußen"
2. Kompanie/3. Pionier-Bataillon

5. Division 9. Infanterie-Brigade 21. Infanterie-Regiment „Großherzog Friedrich Franz IV. von Mecklenburg-Schwerin"

5. Division 10. Infanterie-Brigade 19. Infanterie-Regiment „König Viktor Emanuel III. von Italien"

5. Division 5. Kavallerie-Brigade 1. Chevaulegers-Regiment „Kaiser Nikolaus von Rußland" in Nürnberg

5. Division 5. Kavallerie-Brigade 6. Chevaulegers-Regiment „Prinz Albrecht von Preußen" in Bayreuth

6. Division 6. Kavallerie-Brigade 2. Chevaulegers-Regiment „Taxis"

3. Fußartillerie-Regiment in Ingolstadt

3. Train-Abteilung

ANHANG ZUM ERSTEN BAND

JÄGER REGIMENTER ZU PFERDE

Erst 1901 wurde bei der preußischen Armee das erste Regiment (Königs-Jäger zu Pferde Nr. 1) aufgestellt. Es folgten 1905 Nr. 2 und 3, 1906 Nr. 4, 1908 Nr. 5 und 1910 Nr. 6. 1913 stellte man die Regimenter Nr. 7, 8, 9, 10, 11, 12 und 13 auf.

Im Stellungskrieg des Ersten Weltkrieges verlor die Kavallerie allgemein ihre Bedeutung und wurde meist infanteristisch eingesetzt.

Da im Deutschen Reich die Meldereiter-Detachements, aus denen die ersten Regimenter hervorgingen, zunächst der Garde zugeteilt waren, orientierte sich ihre Uniform trotz der Rolle als leichter Kavallerie zunächst an der der schweren Garde-Kavallerie (d. h. Koller und metallene Kürassierpickelhaube mit tiefem Nackenschirm), war aber von Anfang an für alle Anzugarten in Graugrün gehalten. 1910 wurden die Koller für die bestehenden Regimenter abgeschafft und durch Waffenröcke ersetzt. Für die 1913 neuaufgestellten Regimenter Nr. 8 bis 13 wurde eine graugrüne Uniform nach dem Muster der Dragoner ausgegeben. Die Offiziere dieser neuen Regimenter trugen jedoch den Kürassierhelm.

Die Bewaffnung bestand aus einem Degen bzw. Pallasch und dem Karabiner. In Preußen führten die Jäger zu Pferde wie die ganze Kavallerie zusätzlich Lanzen.

Ablösung Garde Jäger Regimenter zu Pferde

Ablösung Jäger Regimenter zu Pferde

Jäger Regimenter zu Pferde nr. 1

Jäger Regimenter zu Pferde nr. 1 4

Jäger Regimenter zu Pferde nr. 15

Jäger Regimenter zu Pferde nr. 17

Jäger Regimenter zu Pferde Württemberg

TITOLI PUBBLICATI - ALREADY PUBLISHING

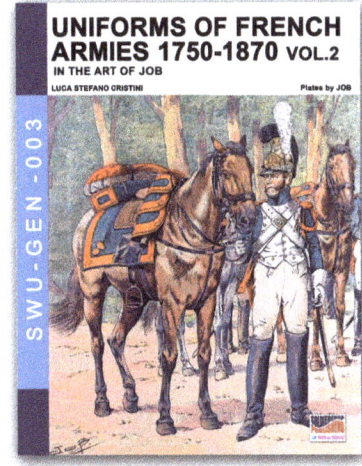
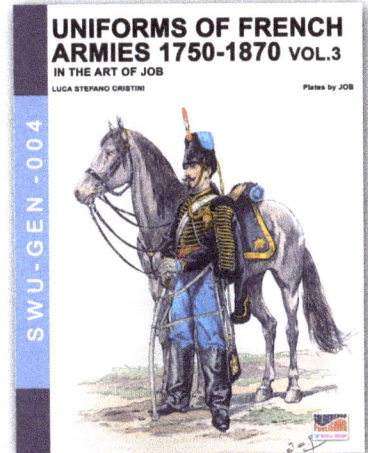

www.ingramcontent.com/pod-product-compliance
Lightning Source LLC
LaVergne TN
LVHW070528070526
838199LV00073B/6728